GÉODÉSIE ET CARTES

L'édition originale de cet ouvrage
a paru sous le titre: *Measuring and Maps*
Copyright © Aladdin Books Ltd 1991
28 Percy Street, London W1P 9FF
All rights reserved

Adaptation française de Louis Morzac
Copyright © Éditions Gamma, Paris-Tournai, 1994
D/1994/0195/57
ISBN 2-7130-1614-2
(édition originale: ISBN 0-7496-0595-2)

Exclusivité au Canada:
Les éditions Héritage inc., 300, rue Arran
Saint-Lambert (Québec) J4R 1K5
Dépôts légaux: 3e trimestre 1994
Bibliothèque nationale du Québec
Bibliothèque nationale du Canada
ISBN 2-7625-7491-9

Loi n° 49-956 du 16 juillet 1949
sur les publications destinées à la jeunesse

Imprimé en Belgique

GÉOGRAPHIE EN DIRECT

GÉODÉSIE ET CARTES

KEITH LYE – LOUIS MORZAC

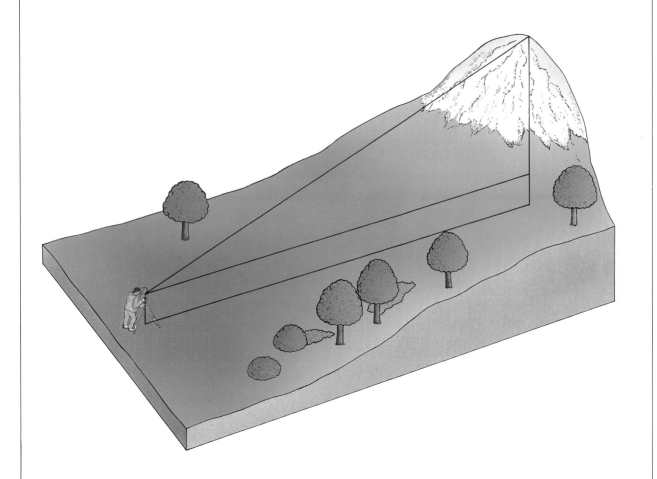

GAMMA - HÉRITAGE

Sommaire

Cet ouvrage traite des cartes, de la mappemonde qui représente le globe aux cartes locales. Il vous explique comment lire des cartes, établir des relevés topographiques et déterminer votre propre position. Vous y trouverez des expériences pratiques recourant à des objets usuels ainsi que des questionnaires destinés à éveiller votre intérêt.

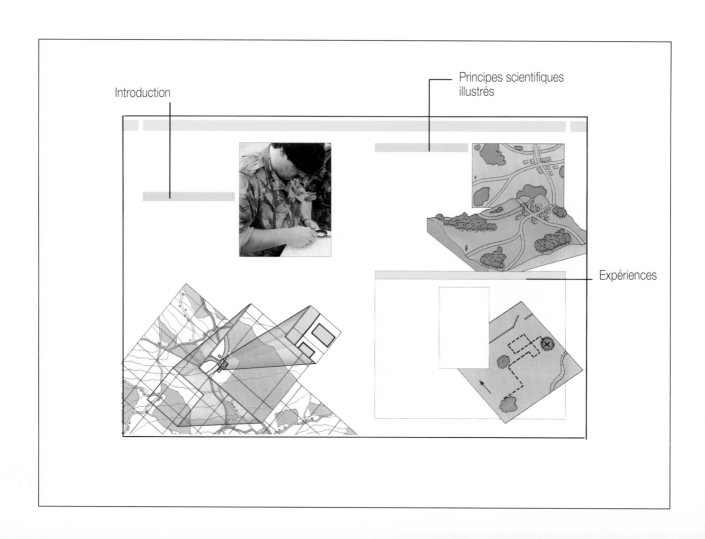

Introduction

Principes scientifiques illustrés

Expériences

INTRODUCTION

Les cartes permettent de représenter la Terre sur une surface plane, généralement en papier. Les cartes et les photographies aériennes ou spatiales sont similaires, mais les photographies sont beaucoup moins détaillées que les cartes. En effet, les cartographes utilisent des couleurs, des signes conventionnels, des mots et des nombres qui mettent en évidence collines et vallées, altitudes, noms de lieux et caractéristiques du terrain. Les photographies aériennes ne précisent pas ces détails.

Les cartes à petite échelle fournissent des informations générales sur un continent entier, un pays en particulier ou une région. Elles font apparaître des caractéristiques naturelles (fleuves, forêts et relief) ou conçues par l'homme (villes, routes et frontières). Les cartes spécifiques sont consacrées à des particularités définies: hygrométrie ou réseau ferré, par exemple. Un atlas est un recueil de cartes géographiques.

Maquettes du sol suspendues au-dessus d'une immense photographie aérienne

Les photographies prises de l'Espace montrent que la Terre détermine l'horizon, une ligne où, pour un observateur, la terre et le ciel paraissent se rencontrer. Au niveau de la mer, l'horizon se trouve à environ quatre kilomètres d'un observateur de taille moyenne. Du haut d'une montagne, il est beaucoup plus éloigné.

GLOBES

Les cartes sont planes et la surface terrestre est courbe. La seule représentation réaliste de la Terre est le globe. Il s'agit d'une sphère creuse en carton, en métal ou en plastique. Les caractéristiques du terrain peuvent être imprimées sur des bandelettes de papier collées sur la surface du globe.

Les globes donnent une image réelle des formes, des superficies et des positions des continents et des océans. Sur les cartes géographiques, ces caractéristiques sont déformées. Par exemple, sur un planisphère, la distance la plus courte entre deux points paraît être la droite qui les joint. Mais si vous utilisez un fil pour joindre ces mêmes points sur un globe, vous découvrirez que le chemin le plus court est une ligne courbe épousant un tracé différent. Cette ligne courbe est un grand arc de cercle entourant la Terre et la divisant en deux parties égales. L'équateur, par exemple, est un grand cercle imaginaire situé à équidistance des pôles. Cependant, les globes ont des inconvénients. Leur taille et leur forme ne permettent pas un transport aisé, tandis qu'une carte peut être pliée et mise en poche.

▷ Certains globes sont fixes et ne peuvent pas être transportés. D'autres sont montés sur des supports et pivotent autour d'un axe généralement incliné à 23,5°, ce qui correspond à l'inclinaison naturelle de l'axe de la Terre (axe joignant les pôles Nord et Sud). En imprimant au globe une rotation, vous pouvez obtenir une série de vues de la Terre.

▷ Ce schéma montre l'équateur (latitude 0°), le tropique du Cancer (environ 23,5° de latitude Nord), le tropique du Capricorne (environ 23,5° de latitude Sud) et le méridien d'origine (longitude 0°).

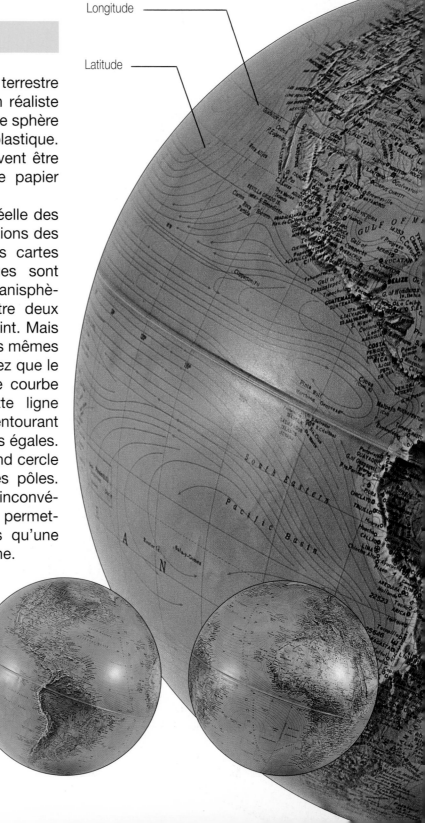

Longitude

Latitude

Méridien d'origine

Équateur

Tropique
du Cancer

Tropique
du Capricorne

MÉRIDIENS ET PARALLÈLES

La latitude d'un point de la surface terrestre est la distance angulaire de ce point à l'équateur mesurée en degrés sur l'arc du méridien de ce point. Tous les points de même latitude déterminent un parallèle. La longitude d'un point est la distance angulaire de ce point au méridien d'origine mesurée en degrés. Les méridiens sont perpendiculaires aux parallèles. Ils sont mesurés en degrés Est et Ouest jusqu'à 180 par rapport au méridien d'origine qui passe par Greenwich, près de Londres.

◁ Le globe est couvert d'un réseau de méridiens et de parallèles. Les cartographes utilisent cette grille pour dessiner les cartes. Chaque point de la Terre a ses propres longitude et latitude.

LE SAVIEZ-VOUS ?

La Terre est légèrement aplatie aux pôles et enflée à l'équateur. L'axe de la Terre du pôle Nord au pôle Sud mesure 12 713 km. Son diamètre équatorial est légèrement plus long : 12 756 km. Cette forme fait de la Terre un sphéroïde aplati.

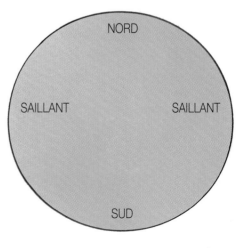

NORD

SAILLANT

SAILLANT

SUD

Les échelles cartographiques sont généralement exprimées sous forme de fractions, par exemple 1/50 000ᵉ, ce qui signifie qu'un centimètre sur la carte équivaut à 50 000 cm sur le terrain (soit 500 m). Les échelles de certaines cartes sont exprimées en mots et chiffres, par exemple 1 cm = 15 km. D'autres sont graphiques.

GRANDES ÉCHELLES

Les cartes à grande échelle ne représentent qu'une superficie réduite. Certaines d'entre elles s'appellent des plans. Sur une carte à grande échelle, on peut, par exemple, distinguer une rue et chacune de ses habitations. À plus grande échelle encore, on peut apercevoir les jardins et même chaque arbre. Un jardin de 20 m sur 10 peut être représenté sur un plan à l'échelle de 1 cm = 1 m (soit 20 cm sur 10 sur le plan). Sous forme de fraction, cette échelle s'exprimerait 1/100ᵉ.

PETITES ÉCHELLES

Les cartes à petite échelle reproduisent de vastes régions. Par exemple, une carte de l'Amérique du Nord occupant une page d'atlas pourrait être à l'échelle 1/35 000 000ᵉ, ou 1 cm = 350 km. On y verrait les pays, les États, les provinces, les comtés et les emplacements des villes principales. Mais si vous souhaitez en savoir plus sur la Californie, vous devrez vous référer à la carte qui ne représente que cet État, par exemple à l'échelle de 1/2 500 000ᵉ, ou 1 cm = 25 km. Si vous désirez des informations sur la ville de Los Angeles, vous devrez consulter le plan de cette ville qui pourrait être à l'échelle plus grande de 1/30 000ᵉ.

△ Cette carte à petite échelle ne fait apparaître que les routes principales, les villes et les villages. Elle couvre une vaste région.

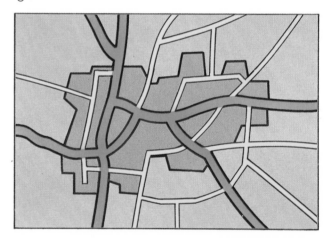

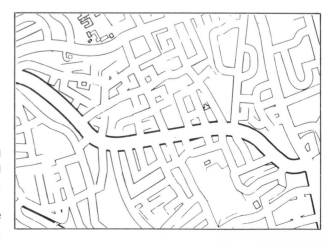

▷ L'échelle de la carte du milieu est plus grande que celle du haut. Elle fournit plus de détails, tels que les routes secondaires. La carte du bas est à grande échelle. On y voit toutes les rues.

CARTES SANS ÉCHELLE

Certaines cartes spéciales ne sont pas à l'échelle. Les directions et les emplacements des endroits sont volontairement faussés. Par exemple, certains plans de métro illustrent les itinéraires d'un système complexe de transports souterrains. Une carte exacte manquerait de clarté et troublerait les voyageurs. Les cartographes schématisent donc ces cartes, représentant la plupart des lignes ferroviaires par des droites et établissant conventionnellement les distances entre les stations. De telles cartes sont faciles à utiliser.

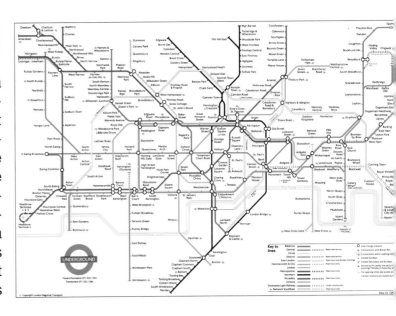

PLAN À L'ÉCHELLE D'UN JARDIN

Un jardin de 150 m sur 100 à l'échelle de 1/10e est représenté par un rectangle de 15 cm sur 10. Pour reproduire à l'échelle l'emplacement d'un arbre, mesurez la distance le long d'un des côtés du jardin jusqu'à ce que l'arbre se trouve à 90° par rapport à vous. Mesurez la distance entre l'arbre et le côté du jardin puis indiquez à l'échelle la position de l'arbre sur le plan.

△ Le système londonien de métro peut être représenté sur un plan sans échelle facile à consulter.

LE SAVIEZ-VOUS ?

Pourquoi l'explorateur Christophe Colomb a-t-il appelé les peuples d'Amérique des Indiens ? Lorsqu'il fit voile vers l'ouest à partir de l'Espagne, il utilisa une carte dont l'échelle faussée donnait au monde des dimensions plus réduites qu'en réalité. Il pensait avoir atteint l'Inde mais, en fait, il avait atteint les Caraïbes.

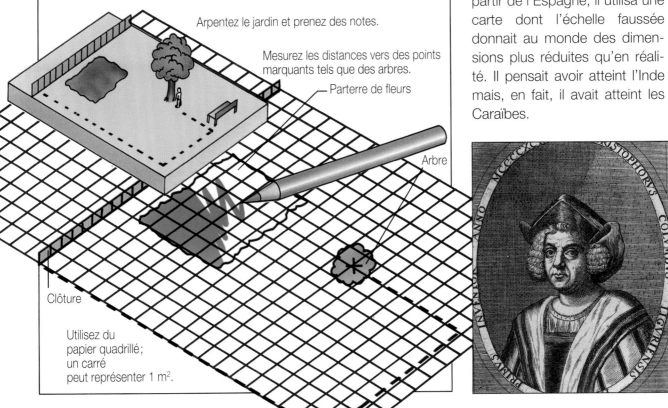

Arpentez le jardin et prenez des notes.

Mesurez les distances vers des points marquants tels que des arbres.

— Parterre de fleurs

Arbre

Clôture

Utilisez du papier quadrillé; un carré peut représenter 1 m².

Si vous désirez faire une randonnée à la campagne, vous pouvez mesurer la distance à parcourir en vous servant d'une carte. Vous devez aussi connaître la direction à suivre. Toutes les cartes indiquent les directions, le nord étant en haut sur la plupart d'entre elles. Dans un atlas, les directions sont signalées par les méridiens et les parallèles.

LA ROSE DES VENTS

Toute boussole indique les points cardinaux (nord, sud, est et ouest) ainsi que les directions intermédiaires (nord-est, nord-ouest, sud-est, sud-ouest). De nombreuses boussoles portent 16 ou 32 graduations.

Une boussole de poche permet de trouver facilement les directions. Le nord magnétique indiqué par l'aiguille de la boussole est proche du nord géographique (ou vrai nord). L'angle formé par la direction du nord magnétique et celle du nord géographique s'appelle la déclinaison magnétique. Celle-ci, exprimée en degrés, figure généralement sur les cartes. Elle varie d'une manière continue dans le même sens pendant une période de l'ordre d'un siècle, puis dans le sens inverse.

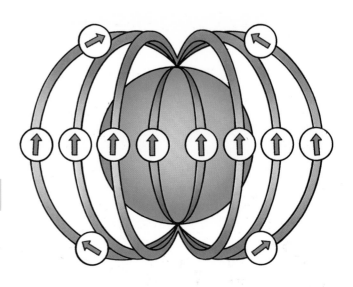

△ L'extrémité colorée de l'aiguille d'une boussole pointe toujours en direction du nord magnétique.

▽ Ayant trouvé le nord à l'aide d'une boussole, vous pouvez orienter votre carte, ce qui vous aide à déterminer votre emplacement.

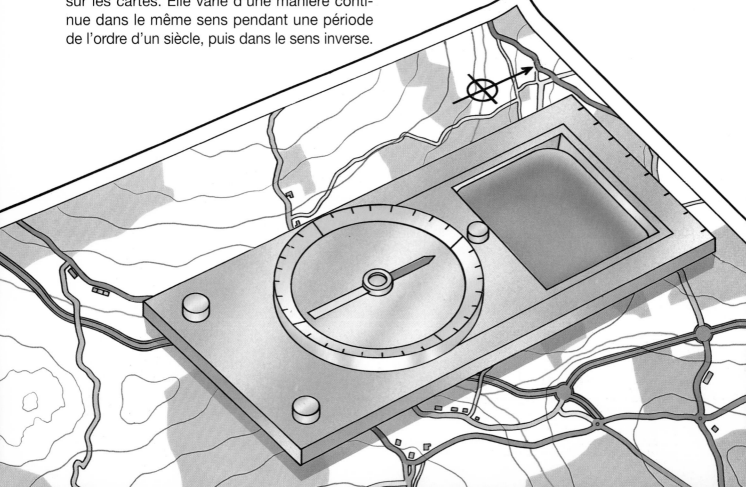

REPÉRER UNE ÉTOILE

Par nuit claire dans l'hémisphère Nord, vous pouvez trouver la direction du nord en vous plaçant face à l'étoile polaire, l'étoile la plus brillante de la constellation de la Petite Ourse.

L'étoile polaire indique approximativement la direction du vrai nord et est située directement au-dessus du pôle Nord. Elle paraît fixe, alors que les autres étoiles tournent lentement dans le ciel. Depuis des millénaires, les navigateurs ont utilisé l'étoile polaire pour s'orienter de nuit à travers l'océan.

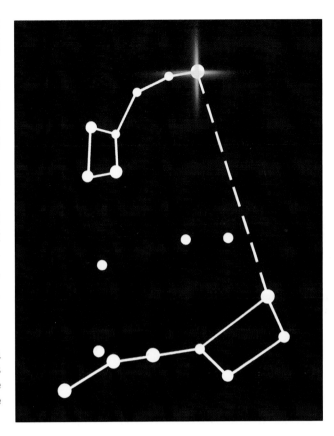

▷ La Grande Ourse ressemble à un chariot. La droite joignant les deux étoiles qui forment l'arrière du chariot est dirigée vers l'étoile polaire.

REPORTER LES DIRECTIONS SUR UNE CARTE

Ce schéma illustre les directions à suivre pour se rendre de son domicile à l'école, par exemple. La boussole indique la direction du nord. En sortant de chez elle, la personne doit se diriger vers l'est, qui est à angle droit par rapport au nord. La route oblique ensuite vers le nord-est, puis vers l'est, avant un carrefour au-delà duquel il faut se diriger vers le sud, puis vers le sud-est et l'est avant d'entamer le parcours final vers le nord, le nord-est et le nord.

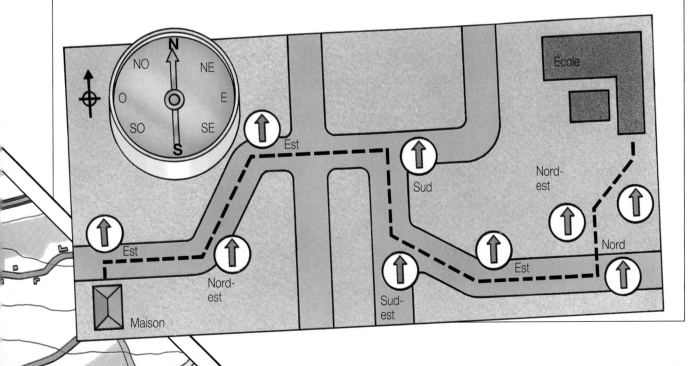

Pour rassembler sur une carte un maximum d'informations, les cartographes utilisent des signes conventionnels. Une ligne bleue, par exemple, indiquera un cours d'eau et une zone bleutée un lac ou une mer. Une ligne rouge signalera une route principale, des petits dessins rappelant des arbres représenteront une forêt, et ainsi de suite.

SYMBOLES ET ÉCHELLES

La quantité d'informations figurant sur une carte dépend de l'échelle utilisée. L'épaisseur de la ligne la plus fine est d'environ $1/20^e$ de millimètre. Sur une carte à l'échelle de $1/1\,000\,000^e$, cette épaisseur équivaut à 50 m: une route principale ne peut donc être représentée que par une fine ligne rouge. Mais à l'échelle de $1/50\,000^e$, utilisée sur beaucoup de cartes topographiques, une route peut être représentée par une ligne plus épaisse entre deux lignes noires. L'échelle limite aussi la quantité des détails. Sur une carte d'atlas, une grande ville ne sera représentée que par un point ou un carré noir. Sur une carte à grande échelle, la forme de la ville pourra être dessinée.

RELIEF

Pour mettre en évidence le relief, les cartographes utilisent différentes méthodes. Les sommets des montagnes apparaissent comme des hauteurs ponctuelles accompagnées de l'altitude précise.

Mais d'autres méthodes sont nécessaires pour faire apparaître le relief: courbes de niveau (lignes qui joignent les points de même altitude) ou, parfois, tons dégradés pour tenter de donner une image tridimensionnelle du relief. Les cartographes utilisent souvent les teintes différentes pour mettre en évidence les différents niveaux. Il arrive que ces deux dernières méthodes soient combinées. Des maquettes du terrain sont éclairées (pour que les collines projettent des ombres) puis photographiées, et l'image obtenue donne l'illusion du relief sur la carte.

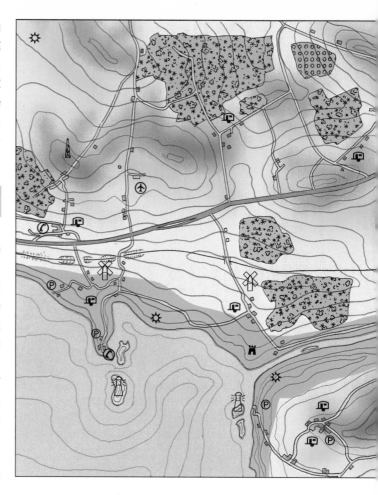

▽ Le relief peut être mis en évidence par l'utilisation de tons dégradés. Une autre méthode fait appel aux courbes de niveau, qui relient les points de même altitude.

Projection ombrée

Courbes de niveau

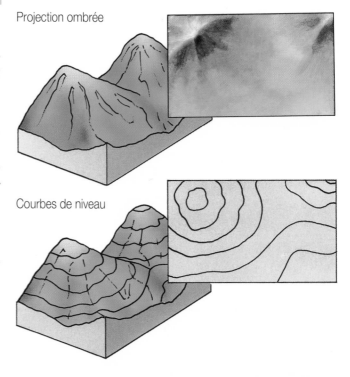

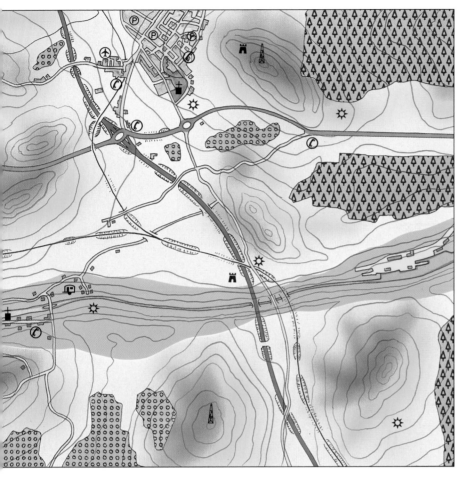

LÉGENDE

✈ Aéroport

☎ Téléphone

♜ Château

📡 Pylône radio ou télé

🗯 Moulin

⛪ Église

✯ Ruines historiques

Ⓟ Aire de stationnement

⛺ Site de caravanage

🗼 Phare

◁ Les cartes topographiques utilisent des signes conventionnels dont la signification figure en marge. Ci-dessus, quelques exemples de signes conventionnels.

INVENTEZ DES SIGNES CONVENTIONNELS

Dessinez une carte approximative des environs de votre maison. Vous trouverez de nombreuses particularités: lampadaires, boîtes aux lettres, cabines téléphoniques, feux de signalisation que vous représenterez par des signes conventionnels. En imaginant ces signes, rappelez-vous qu'ils doivent être simples et faciles à dessiner, mais qu'ils doivent aussi évoquer au mieux les objets qu'ils représentent.

Dessinez une carte simple.

Quelques signes conventionnels possibles

☀ Lampadaire

✉ Boîte aux lettres

▤ Bouche d'égout

🌳 Arbre

📞 Cabine téléphonique

🚦 Feux de signalisation

La quantité d'informations que les cartographes peuvent faire figurer sur une carte dépend de l'échelle et de l'espace disponible. Certaines cartes fournissent des informations dans un domaine spécifique, informations qui sont alors reproduites sur des cartes thématiques : physique, politique, administrative et humaine, végétation, etc.

PHYSIQUE ET POLITIQUE

Les cartes de géographie physique font apparaître les caractéristiques du terrain : plaines et montagnes, cours d'eau, lacs, etc. Les teintes jaune et verte sont souvent utilisées dans les atlas pour désigner les régions de plaines ; le brun, le rouge et le violet pour mettre en évidence les collines et les montagnes et le blanc pour les sommets les plus élevés. Les noms figurant sur ces cartes désignent les particularités principales, les régions naturelles, les îles, les mers et les océans.

Les cartes de géographie politique mettent en évidence les ressources humaines et culturelles. On y trouve également les frontières et les limites administratives, les États, les provinces, les noms de capitales. Des couleurs contribuent à mieux distinguer les limites administratives.

GÉOGRAPHIE SOUS-MARINE

Les océans recouvrent trois quarts de la surface terrestre mais, jusqu'à récemment, la connaissance des fonds océaniques était réduite. La plupart des gens supposaient qu'ils ne constituaient qu'une vaste plaine sans relief.

L'utilisation des échosondeurs à partir des années 1920 permit aux navires de mesurer la profondeur des eaux. Depuis les années 1940, ils ont permis de dresser des cartes de la plupart des fonds océaniques (voir page 21). Ces cartes montrent que la topographie des fonds est aussi variée que celle de la terre. Elles ont aussi contribué à la progression des sciences de la Terre.

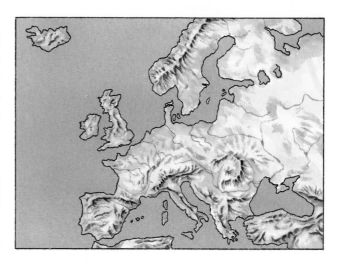

△ Les cartes physiques montrent les caractéristiques du terrain, telles que les montagnes.

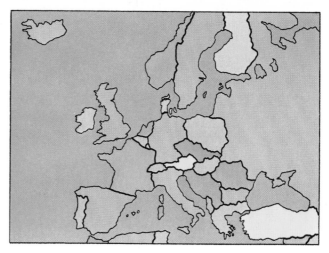

△ Les cartes politiques traitent des ressources humaines, des pays, des limites administratives, etc.

△ Des cartes récentes des fonds marins font apparaître des chaînes de montagnes, des sommets d'origine volcanique, des fosses et des plaines.

PLUVIOSITÉ

Les cartes pluviométriques montrent l'importance des précipitations annuelles dans différentes régions. En général, les zones largement arrosées sont marquées de couleurs foncées, et inversement. La comparaison des cartes pluviométriques et physiques illustre l'influence des facteurs physiques sur le climat. Par exemple, il pleut souvent plus dans les régions de collines et de montagnes.

▽ Une carte pluviométrique d'Europe fait apparaître une pluviosité plus abondante dans les régions côtières ou montagneuses, et plus rare là où les températures sont extrêmes.

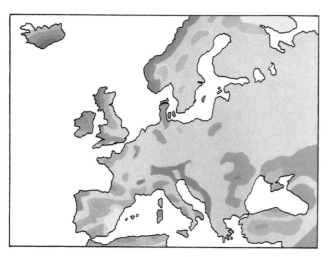

VÉGÉTATION

Certaines cartes localisent les différents types de végétation. Elles sont souvent teintées de couleurs différentes, ou peuvent aussi porter des pictogrammes, ou dessins figuratifs stylisés, représentant les principales espèces végétales. Comparées aux cartes de géographie physique et pluviométrique, elles permettent de découvrir les conditions régissant la localisation des différents végétaux.

▽ Une carte d'Europe montrant les espèces végétales illustre la différence de végétation entre les régions froides polaires ou montagneuses et les régions plus chaudes du sud.

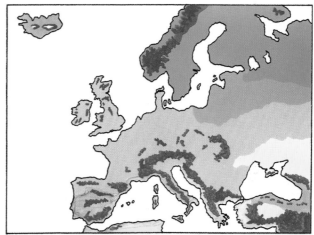

LE SAVIEZ-VOUS ?

De la Terre, nous pouvons seulement voir une des faces de la Lune. Il fallut attendre l'avènement de l'ère spatiale pour découvrir les caractéristiques de l'autre face. Entre 1966 et 1967, cinq orbiteurs ont photographié presque entièrement la surface de la Lune, révélant le paysage de la face jusqu'alors inconnue. À droite, une carte montre les endroits d'atterrissage de différents engins spatiaux sur la Lune.

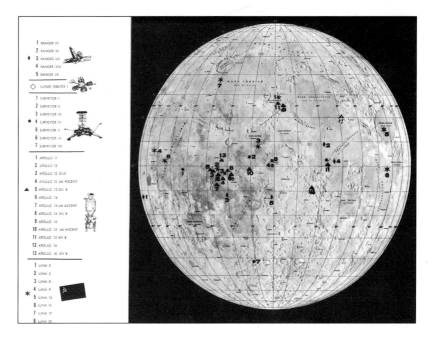

Les cartes ont de nombreuses utilisations. Elles sont précieuses pour les voyageurs, les forces armées, les navigateurs, etc. La quantité d'informations que vous y trouverez dépend de vos connaissances en lecture des cartes. Vous devez tout d'abord être capable de localiser des endroits et de découvrir où vous vous trouvez.

LOCALISATION

La plupart des atlas sont pourvus d'un index reprenant les noms des endroits cités. À côté de chaque nom figurent le numéro de la page et les coordonnées de l'endroit. Connaissant l'abscisse et l'ordonnée de l'endroit recherché, le lecteur d'une carte repère ce dernier avec précision.

Certaines cartes sont quadrillées, les carrés étant désignés soit par des nombres, soit par des lettres et des chiffres. L'index peut par exemple mentionner un village dans le carré B4. Ce système de lettres et de chiffres est utilisé sur les plans de villes.

△ Les forces armées utilisent fréquemment des cartes.

▽ Le quadrillage permet de localiser facilement des endroits. Les coordonnées permettent de «zoomer» sur une région.

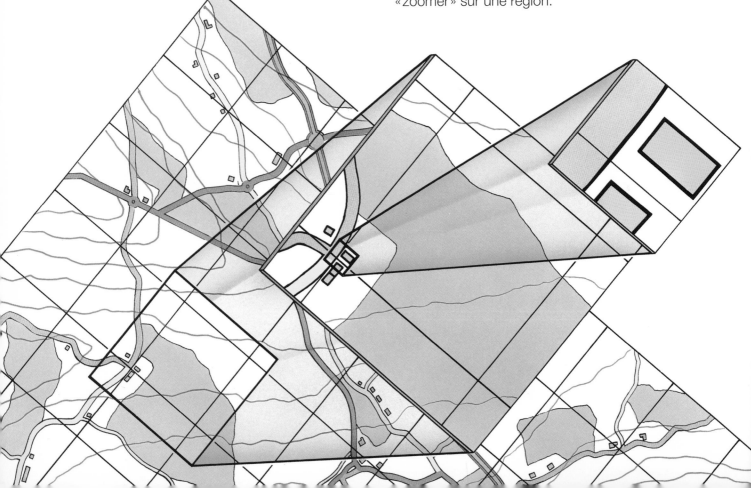

OÙ ÊTES-VOUS ?

Les randonneurs utilisent souvent des cartes pour se retrouver. Ils apprennent à reconnaître sur leur carte les caractéristiques du terrain. Ils peuvent aussi calculer et déterminer leur position à partir de l'azimut d'un point marquant du terrain à l'aide d'une boussole. Sans boussole, ils peuvent déterminer leur position assez précisément en estimant les distances qui les séparent de points marquants.

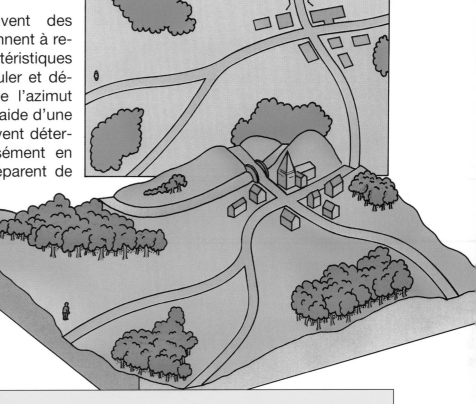

▷ Un promeneur identifie des éléments du terrain, tels que des villages et des ponts. En les retrouvant sur une carte, il peut déterminer où il se trouve.

CHASSE AU TRÉSOR

Il est arrivé que des pirates cachent leur butin sur des îles tropicales. Ils établissaient des croquis grossiers où figuraient des points caractéristiques qui les aideraient à retrouver l'endroit des années plus tard. Vous pouvez rééditer l'exploit dans un parc ou un jardin. Dressez d'abord un plan grossier du parc et marquez par une flèche la direction du nord. Planifiez un itinéraire menant à la cache du trésor. Vous devez déterminer l'endroit du départ des recherches. Puis notez les directions et les distances menant à la cache. Voyez si vos amis peuvent trouver le trésor en utilisant votre plan.

À partir
du buisson :
5 pas vers l'est
4 pas vers le nord
5 pas vers l'est
2 pas vers le sud
2 pas vers l'est
5 pas vers le nord
4 pas vers l'ouest
3 pas vers le sud
6 pas vers l'est
2 pas vers le sud

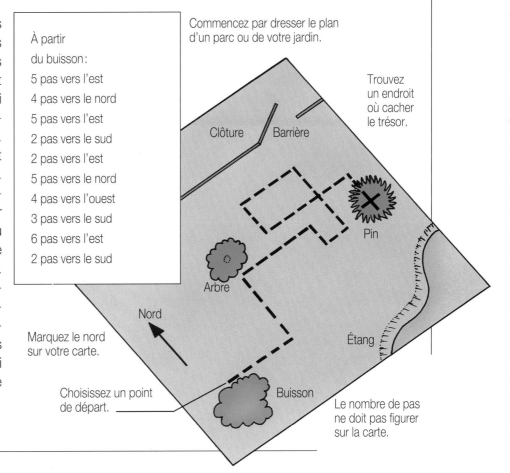

Commencez par dresser le plan d'un parc ou de votre jardin.

Trouvez un endroit où cacher le trésor.

Clôture   Barrière

Pin

Arbre

Nord

Étang

Marquez le nord sur votre carte.

Choisissez un point de départ.

Buisson

Le nombre de pas ne doit pas figurer sur la carte.

Le technicien qui mesure et lève des plans s'appelle un géomètre. L'élaboration de la carte d'une région débute par l'établissement d'un réseau de points choisis sur le terrain, par la mesure des distances entre eux et des angles que celles-ci forment. Puis sont ajoutés les détails du terrain (cours d'eau, routes, etc.) entre les points du réseau.

TRIANGULATION

Un levé commence par la mesure de la distance entre deux point éloignés de plusieurs kilomètres. Cette distance s'appelle la base. Traditionnellement, cette mesure s'effectuait au moyen d'un ruban métallique.

Le géomètre sélectionne un troisième point et, au moyen d'un théodolite, mesure les angles formés par les droites joignant les extrémités de la base et le troisième point. Les trois points forment un triangle. Si vous connaissez la longueur de l'un des côtés et les trois angles formés, vous pouvez calculer la longueur des deux autres côtés. Le géomètre poursuit son travail et détermine les positions d'autres points dans un réseau de triangles en procédant exclusivement à des mesures angulaires. Cette méthode de lever des plans s'appelle la triangulation.

△ Les géomètres utilisent des planchettes pour mesurer les détails du terrain.

▽ Pour cartographier une région, le géomètre mesure une base (B-C) et localise un troisième point (A) par des mesures angulaires. D'autres points (F, E, D, etc.) sont déterminés en mesurant des angles.

Des points déterminés connus sont reportés sur papier à une échelle choisie. Les hauteurs et les dépressions mesurées sont également reportées.

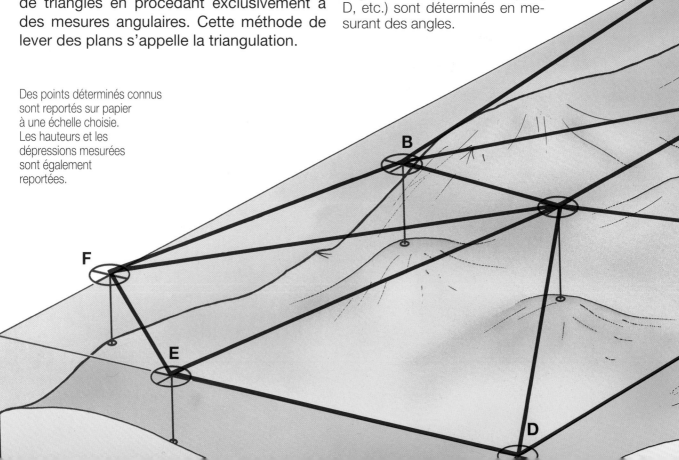

CARTOGRAPHIE DÉTAILLÉE

Jusque dans les années 1950, la principale méthode de mesure des détails d'un terrain entre des points déterminés était la triangulation, avec l'utilisation du théodolite. Cette méthode est remplacée aujourd'hui par la photographie aérienne.

La planchette est un panneau plat recouvert de papier sur lequel sont reportés de façon précise les points déterminés par triangulation. Le géomètre utilise alors un instrument de visée, appelé alidade, pour mesurer les directions vers des points tels que des coins de champs. Des lignes au crayon sont tracées vers ces points. Lorsque le travail à un point est terminé, le géomètre se déplace vers d'autres points. Lorsque trois visées se recoupent sur le même point, celui-ci est déterminé. Graduellement, les espaces séparant les points se remplissent.

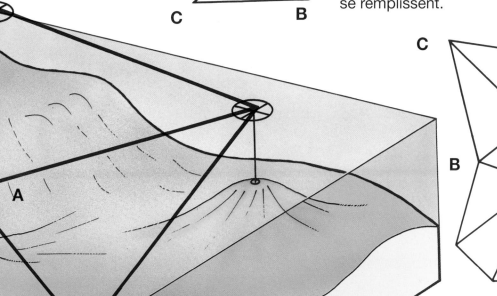

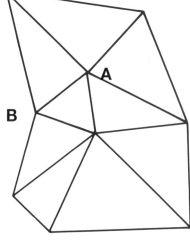

LE SAVIEZ-VOUS ?

La mesure d'une base avec un ruban métallique est une tâche lente. Les géomètres peuvent maintenant mesurer les distances à l'aide d'instruments électroniques qui enregistrent la durée de parcours des ondes lumineuses ou radio entre deux points.

Outre la localisation précise de détails du terrain, les géomètres doivent déterminer l'altitude exacte de nombreux points de la région qu'ils relèvent. À partir d'un grand nombre de ces points, ils peuvent définir les courbes de niveau qui caractérisent le relief. Les altitudes sont mesurées par rapport au niveau moyen de la mer.

DÉTERMINATION DES ALTITUDES

Des mesures précises de la hauteur sont effectuées au moyen d'un niveau de géomètre monté sur un trépied réglable. Le géomètre installe son instrument sur un point dont l'altitude est connue. Il effectue une lecture en visant un jalon-mire planté sur le deuxième point et en déduit la différence d'altitude entre les deux points. Les deux points déterminés avec précision sont des repères appelés points de nivellement.

Les géomètres utilisent aussi des théodolites pour mesurer la distance angulaire séparant deux points dans un plan vertical. Connaissant celle-ci et la distance horizontale entre ces deux points, ils peuvent en déduire la hauteur recherchée. Cette méthode est moins précise que le nivellement. Par temps brumeux, les mesures angulaires peuvent être faussées.

△ Les géomètres utilisent des instruments précis, des théodolites montés sur trépied, pour mesurer les angles dans les plans horizontaux et verticaux.

▽ Les géomètres mesurent l'angle vertical entre deux points pour déterminer la différence de hauteur entre eux. Ils doivent tenir compte de la hauteur de leurs théodolites.

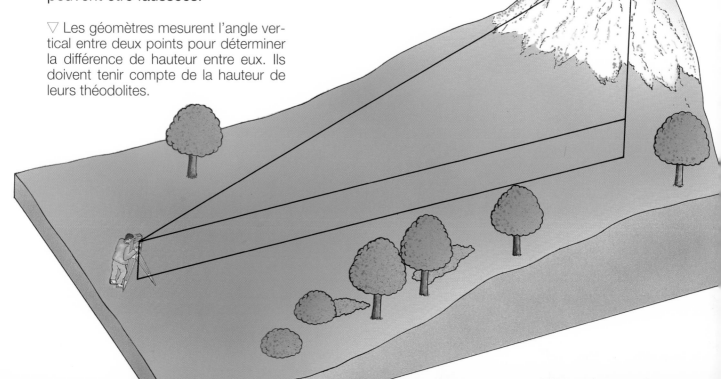

MESURE DES PROFONDEURS

On peut voir sur certaines cartes côtières les courbes de niveau des fonds marins. L'instrument principal utilisé pour déterminer la profondeur de l'eau est l'échosondeur. Cet appareil envoie des ondes sonores et recueille l'écho qui est renvoyé par le fond de la mer. La vitesse du son étant connue, la profondeur de l'eau peut être calculée. Ces profondeurs sont enregistrées à mesure que le bateau porteur se déplace.

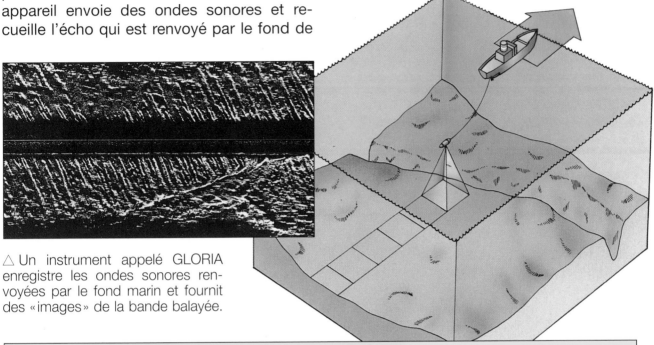

△ Un instrument appelé GLORIA enregistre les ondes sonores renvoyées par le fond marin et fournit des «images» de la bande balayée.

CARTOGRAPHIEZ VOTRE MONTAGNE

Construisez une maquette de montagne à l'aide d'argile ou de pâte à modeler. Avec un crayon, marquez des points de même hauteur autour des flancs de la montagne. Pour vérifier leur hauteur, utilisez une règle. Les rangées de points doivent aussi être équidistantes – 3 cm par exemple. Reliez tous les points d'une même rangée avec une ficelle.

En regardant votre montagne par le dessus, vous verrez les courbes de niveau. Vous pourrez ensuite dessiner sur papier une carte topographique de votre projet.

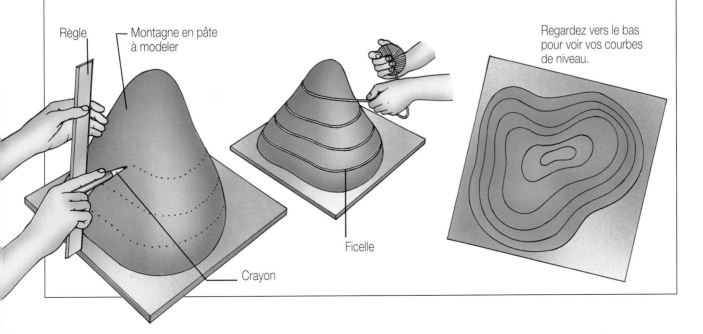

Règle

Montagne en pâte à modeler

Crayon

Ficelle

Regardez vers le bas pour voir vos courbes de niveau.

C'est au cours des deux grandes guerres mondiales que les photographies aériennes ont montré leur utilité en fournissant des informations sur l'ennemi. Depuis 1945, elles ont été utilisées pour la cartographie à grande échelle et dans une science nouvelle, la photogrammétrie (mesures prises d'après des photographies aériennes).

PHOTOGRAPHIES AÉRIENNES

Les photos aériennes sont prises à partir d'avions suivant des couloirs aériens soigneusement planifiés. Volant à une altitude et une vitesse constantes, ces avions prennent des photos verticales.

Les appareils photo sont spécialement conçus pour prendre automatiquement des photos à intervalles réguliers, de manière à ce que chaque photo recouvre environ 60 % de la précédente. Lorsqu'une bande de terrain est photographiée, l'avion fait demi-tour et photographie la bande suivante qui recouvre partiellement la précédente. Pour couvrir une vaste zone, de nombreuses photos sont réalisées.

▽ Un avion photographie de longues bandes de terrain. Les points dont les coordonnées sont connues sont identifiés sur les photos. Ils servent de points de référence au cours de l'élaboration des cartes.

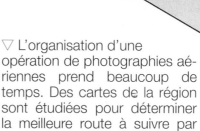

Point de référence

▽ L'organisation d'une opération de photographies aériennes prend beaucoup de temps. Des cartes de la région sont étudiées pour déterminer la meilleure route à suivre par l'avion portant l'appareil photo.

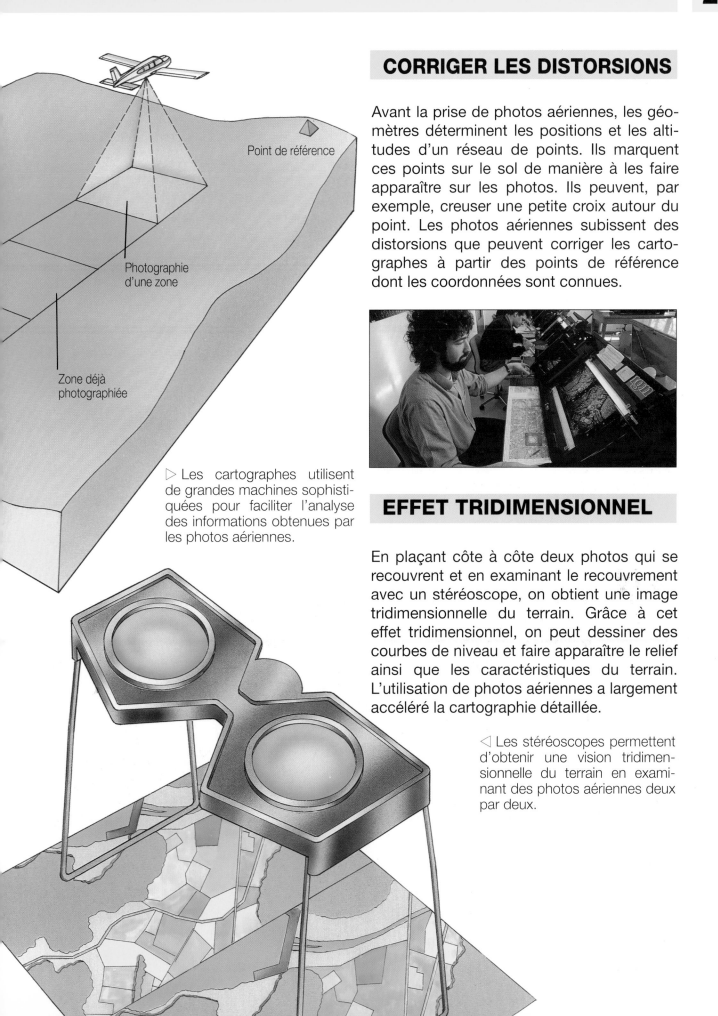

Point de référence

Photographie
d'une zone

Zone déjà
photographiée

▷ Les cartographes utilisent
de grandes machines sophisti-
quées pour faciliter l'analyse
des informations obtenues par
les photos aériennes.

CORRIGER LES DISTORSIONS

Avant la prise de photos aériennes, les géomètres déterminent les positions et les altitudes d'un réseau de points. Ils marquent
ces points sur le sol de manière à les faire
apparaître sur les photos. Ils peuvent, par
exemple, creuser une petite croix autour du
point. Les photos aériennes subissent des
distorsions que peuvent corriger les cartographes à partir des points de référence
dont les coordonnées sont connues.

EFFET TRIDIMENSIONNEL

En plaçant côte à côte deux photos qui se
recouvrent et en examinant le recouvrement
avec un stéréoscope, on obtient une image
tridimensionnelle du terrain. Grâce à cet
effet tridimensionnel, on peut dessiner des
courbes de niveau et faire apparaître le relief
ainsi que les caractéristiques du terrain.
L'utilisation de photos aériennes a largement
accéléré la cartographie détaillée.

◁ Les stéréoscopes permettent
d'obtenir une vision tridimensionnelle du terrain en examinant des photos aériennes deux
par deux.

Ces dernières années, les cartographes ont utilisé de plus en plus les nouvelles technologies, notamment l'informatique pour accélérer l'élaboration des cartes et les satellites pour collecter les données. Les photographies par satellite couvrent de vastes zones qui peuvent être visualisées à intervalles réguliers.

PHOTOGRAPHIES PAR SATELLITE

Les mesures effectuées au moyen de photos par satellite ont fait progresser l'étude de la météo et l'établissement de cartes de prévisions météorologiques. Les satellites utilisent aussi des télécapteurs réalisant des images de parties de la Terre, telles que les roches de surface, pour fournir des informations spécifiques. De telles photos sont utiles dans la prospection minière. Certains satellites peuvent surveiller les conditions atmosphériques ou celles des couches superficielles des océans.

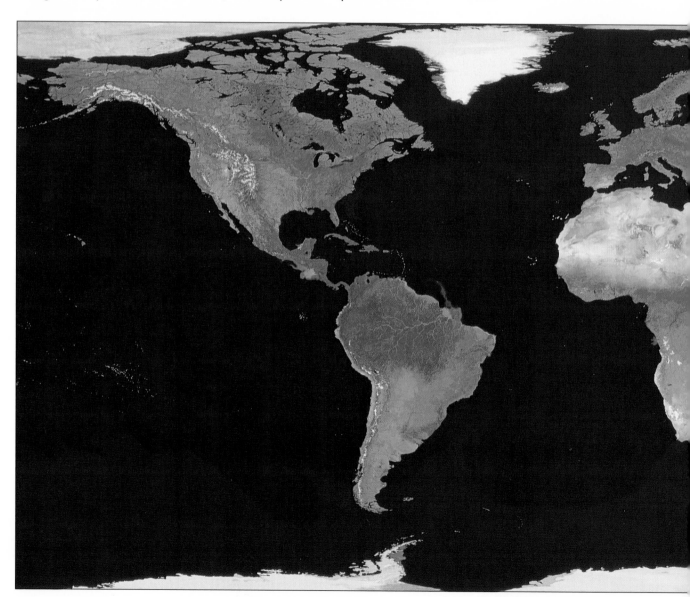

GÉODÉSIE

Les satellites ont contribué aux progrès de la géodésie, l'étude de la taille et de la forme de la Terre. L'étude de la courbure de la Terre est importante pour dresser des cartes de vastes régions.

Au cours des trente dernières années, les spécialistes ont établi autour de la Terre un réseau de points géodésiques dont les coordonnées sont connues au mètre près. Ce travail a été effectué par triangulation. Des mesures angulaires simultanées d'un satellite sont effectuées à partir de deux points. Si les positions du satellite et les coordonnées d'un de ces points sont connues, celles de l'autre point peuvent être calculées.

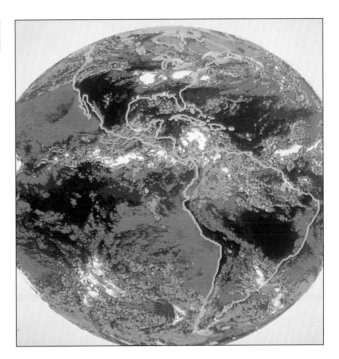

△ Les photos par satellite sont utilisées pour suivre l'évolution de la météo. Prises de l'Espace, à intervalles réguliers, ces photos permettent aux météorologistes d'établir leurs prévisions.

◁ Une série de nombreuses photos couvrant toute la surface de la Terre ont été récemment prises par satellite. En utilisant des techniques modernes complexes, il a été possible d'assembler ces photos et de réaliser une image complète de la surface terrestre.

LE SAVIEZ-VOUS ?

Dès l'an 2000, vous pourrez en quelques secondes déterminer votre position exacte grâce à un système basé sur l'utilisation d'un récepteur radio informatisé qui capte les signaux émis par quatre satellites. L'ordinateur convertit alors en distances le temps de parcours des signaux et détermine instantanément sa position.

On cartographie des régions de dimensions réduites comme si la Terre était plane. Mais, lorsqu'il s'agit de mesurer de longues distances, les cartographes doivent tenir compte de la courbure terrestre qui rend impossible la réalisation d'un planisphère parfaitement précis; cela explique pourquoi leur apparence varie d'un atlas à l'autre.

LA PELURE D'ORANGE

Si vous pelez une orange, il est impossible d'aplanir sa pelure sans la fendre. La réalisation d'un planisphère se heurte à la même impossibilité. Pour obtenir un maximum de précision, les cartographes recourent aux projections. Mais aucun planisphère ne peut faire apparaître toutes les caractéristiques avec une réelle précision.

La plupart des projections sont élaborées mathématiquement. Mais elles sont compréhensibles si vous imaginez un globe en verre éclairé de l'intérieur.

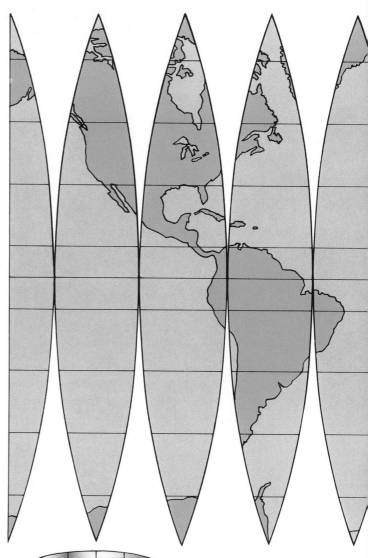

▷ Une projection discontinue montre des bandes curvilignes de la surface terrestre. Mais, comme planisphère, elle n'est guère utile.

PROJECTIONS

On réalise une projection cylindrique en enroulant une feuille de papier autour d'un globe tangentiellement à l'équateur. La lampe projette sur le papier l'ombre de la grille géographique. La longueur de l'équateur est égale à celle de la circonférence du cylindre. Les autres parallèles sont plus longs qu'en réalité et les pôles n'apparaissent pas.

On réalise une projection zénithale en posant le globe sur une feuille de papier sur laquelle la lumière projette l'ombre des zones traversées. Mais la distorsion augmente à mesure que croît l'éloignement du point de tangence. Pour réaliser une projection conique, on projette sur un cône tangent au globe les ombres des méridiens et des parallèles. Le principe de distorsion est le même.

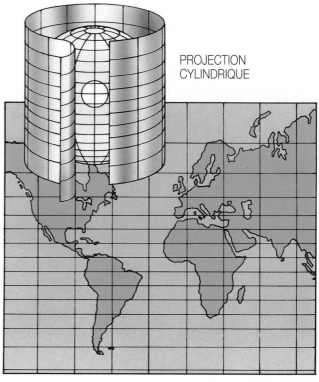

PROJECTION CYLINDRIQUE

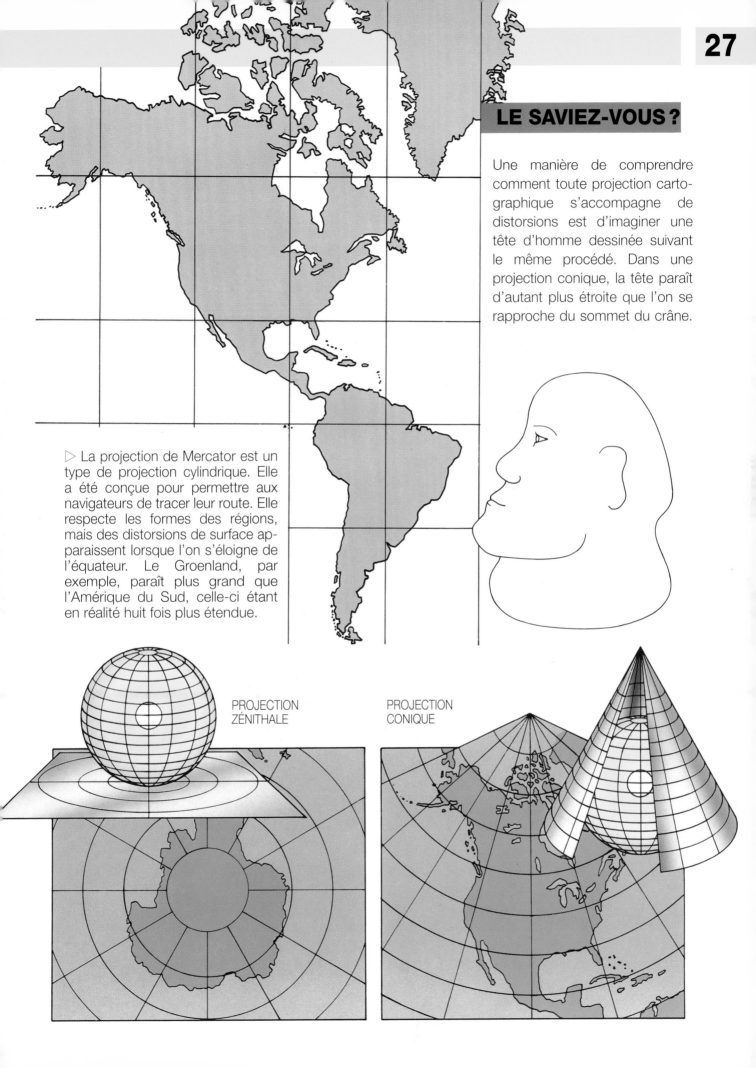

LE SAVIEZ-VOUS ?

Une manière de comprendre comment toute projection carto-graphique s'accompagne de distorsions est d'imaginer une tête d'homme dessinée suivant le même procédé. Dans une projection conique, la tête paraît d'autant plus étroite que l'on se rapproche du sommet du crâne.

▷ La projection de Mercator est un type de projection cylindrique. Elle a été conçue pour permettre aux navigateurs de tracer leur route. Elle respecte les formes des régions, mais des distorsions de surface apparaissent lorsque l'on s'éloigne de l'équateur. Le Groenland, par exemple, paraît plus grand que l'Amérique du Sud, celle-ci étant en réalité huit fois plus étendue.

PROJECTION ZÉNITHALE

PROJECTION CONIQUE

Les navigateurs doivent posséder de bonnes connaissances en cartographie, goniométrie et topographie. Avec des cartes et une boussole, vous trouvez votre chemin sur terre. En mer, les navigateurs emploient des cartes marines pour éviter les récifs dangereux et les hauts-fonds. Les pilotes d'avion utilisent des cartes aéronautiques.

EN MER

Une ancienne méthode consiste à naviguer à l'estime. Elle implique l'enregistrement de la vitesse et de la direction suivie par le navire. Si vous notez le temps écoulé, vous pouvez calculer la distance parcourue et marquer votre position sur une carte. Les navigateurs déterminent également leur position en observant les étoiles, en mesurant les angles à l'aide d'un sextant et en se servant de chronomètres. La longitude est trouvée en comparant l'heure locale, mesurée d'après les positions du soleil ou des étoiles, au temps moyen de Greenwich.

De nos jours, la plupart des navigateurs utilisent des instruments électroniques: échosondeurs pour mesurer la profondeur de l'eau, radiogoniomètres, radars et satellites de navigation.

▷ Les phares avertissent les marins de la proximité de côtes ou de récifs. Les radars les aident à localiser les côtes de nuit ou par mauvais temps. Navires et avions recourent aux satellites pour déterminer leur position.

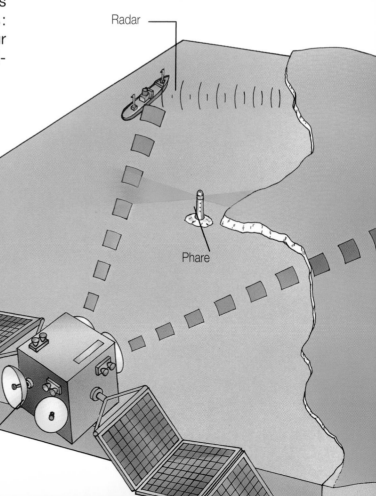

Radar

Phare

Satellite

◁ Les navigateurs utilisent une gamme étendue d'instruments de navigation. Dans les eaux peu profondes, telles que les estuaires des fleuves, les navires prennent des pilotes pour les guider.

▽ Les pilotes d'avions emploient des cartes indiquant les couloirs aériens, les points marquants, les emplacements des stations de radiogoniométrie et les aéroports. Ci-dessous, détail d'une carte de navigation.

DANS LES AIRS

Les pilotes d'avions utilisent également la méthode de navigation à l'estime et s'orientent sur le Soleil ou les étoiles. Mais les méthodes électroniques sont essentielles. Des radiogoniomètres leur permettent de se brancher sur des stations connues. En trouvant la direction des stations radio, ils peuvent contrôler leur direction. Des systèmes de radar et des signaux reçus de satellites les aident à déterminer leur position.

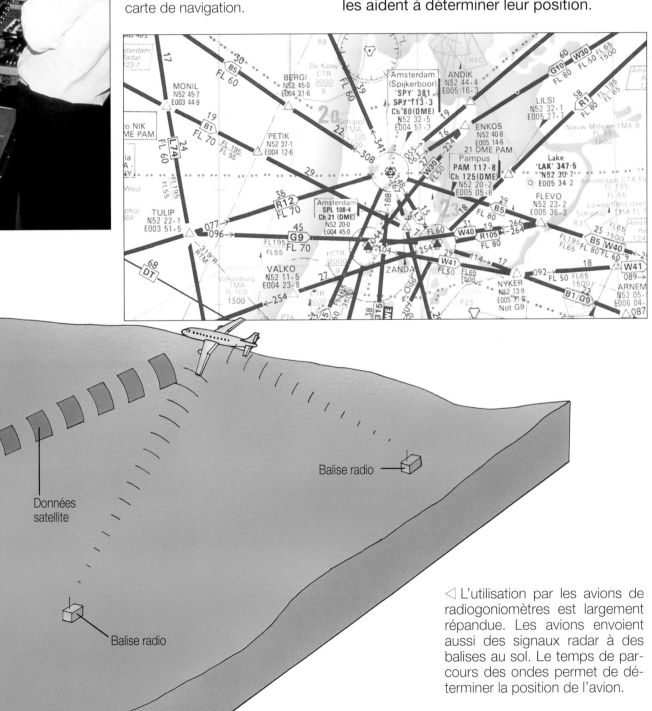

Données satellite

Balise radio

Balise radio

◁ L'utilisation par les avions de radiogoniomètres est largement répandue. Les avions envoient aussi des signaux radar à des balises au sol. Le temps de parcours des ondes permet de déterminer la position de l'avion.

La plus ancienne carte connue est une tablette d'argile fabriquée à Babylone (aujourd'hui en Irak) en 2250 av. J.-C. environ. On y voit un fleuve cheminant à travers une vallée de montagnes. Les Égyptiens utilisaient des cartes et pratiquaient la triangulation. Les Grecs développèrent leurs travaux et calculèrent la taille de la Terre.

△ Ferdinand Magellan (1480-1521) effectua le premier voyage autour de la Terre.

Le premier grand cartographe fut Ptolémée, un Grec qui vécut entre 165 et 100 av. J.-C. Il rassembla toutes les connaissances de son époque dans son ouvrage *Geographia*.

Avant de s'embarquer pour l'Amérique en 1492, Christophe Colomb avait étudié les cartes réalisées par Ptolémée. Il fit sienne l'une des erreurs de Ptolémée qui pensait que la Terre était beaucoup plus petite qu'en réalité.

△ La magnétite, oxyde de fer magnétique, était utilisée dans les anciennes boussoles.

En navigation, la boussole magnétique fut inventée en Chine et dans la région méditerranéenne il y a environ 850 ans. Dès le début du 15e siècle, les marins utilisèrent des cartes marines à l'approche des côtes. Les sextants et les chronomètres apparurent au cours du 18e siècle. La fin du 20e siècle marqua le développement de l'électronique et de ses nombreuses applications.

▽ Ancien planisphère (1730)

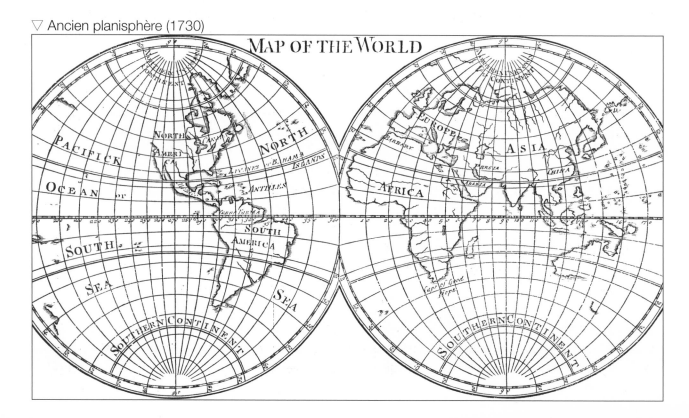

Axe
Ligne idéale autour de laquelle s'effectue une rotation. En astronomie, il s'agit d'une ligne droite autour de laquelle s'effectue le mouvement de rotation d'un corps céleste.

Axe de la Terre
Axe joignant les pôles Nord et Sud, passant par le centre de la Terre et incliné à 23,5°

Azimut géographique
Angle formé par une direction avec celle du nord géographique. Il se compte à partir du nord magnétique, dans le sens des aiguilles d'une montre.

Azimut magnétique
Angle formé par une horizontale quelconque avec le méridien magnétique. Il se compte à partir du nord magnétique, dans le sens des aiguilles d'une montre.

Carte topographique
Carte à une échelle assez grande pour montrer les détails d'une région

Courbe de niveau
Ligne qui joint tous les points d'une même altitude

Échosondeur
Instrument basé sur la réflexion des ondes sonores et permettant de mesurer la profondeur de l'eau

G.M.T.
Abréviation de l'anglais *Greenwich Mean Time*, heure moyenne du méridien de Greenwich

Grand cercle
Cercle de la Terre – ou de toute sphère – passant par son centre et la partageant en deux parties égales

Grille géographique
Réseau constitué par les longitudes et les latitudes sur une carte ou un globe

Jalon-mire
Jalon gradué permettant au géomètre de déterminer une direction par une visée

Latitude
L'une des coordonnées sphériques d'un point de la surface terrestre; distance angulaire de ce point à l'équateur mesurée en degrés par l'arc du méridien terrestre

Longitude
L'une des coordonnées sphériques d'un point de la surface terrestre; distance angulaire de ce point au méridien d'origine (Greenwich) mesurée en degrés

Méridien
Grand cercle de la sphère terrestre

Méridien d'origine
Méridien choisi arbitrairement pour la détermination des longitudes. Il est convenu que le méridien d'origine sur la Terre est celui passant par Greenwich, en Angleterre.

Points de référence
Endroits marqués par les géomètres sur le sol afin de les faire apparaître sur les photographies aériennes d'une région

Relief
Différences de hauteur (montagnes, vallées...) d'une région

Triangulation
Méthode de mesure basée sur le principe selon lequel, si vous connaissez la longueur d'un côté d'un triangle et les trois angles formés, vous pouvez calculer la longueur des deux autres côtés. C'est une méthode souvent employée par les géomètres pour l'élaboration des cartes.

Origine des photographies:
Couverture et pages 24-25 et 30 (en haut à droite): Science Photo Library; pages 5, 18-19, 22, 23 et 28: Frank Spooner Pictures; pages 6-7 (toutes): Roger Vlitos; page 9 (en haut): The London Transport Museum; pages 9 (en bas), 30 (en haut à gauche et en bas): Mary Evans Picture Library; page 15: NASA; page 16: Robert Harding Picture Library; page 24 (en haut): Aviation Picture Library; page 29: Aerad Customer Services.